幼稚園・保育園
クラス担任の
アイディア
1

こんな日、こんなときの ちょこっと製作あそび BEST 22

グループこんぺいと 編著　　ARTKIDS.JP 原案

黎明書房

はじめに

幼稚園・保育園 クラス担任のアイディア

第一弾は

『こんな日、こんなときの ちょこっと製作あそびBEST22』

本書は…

- 用意に時間がかからず、すぐに製作をはじめられること
- 子どもが無理なく作ることができるだけでなく、できた作品であそべること
- あそんだあとは展示も楽しめること

の3点をポイントに、季節の行事や園行事、そのときどきの状況や子どもの様子に応じた製作あそびのアイディアを集めました。

活動内容に困ったときにも、すぐに使えるアイディアを見つけていただけます。
また、ほんの少しのアレンジでどんなときにも活用できます。

子どもたちと、気楽に気軽に「製作あそび」を楽しんでください。

CONTENTS

2章 園行事＋こんなときの ちょこっと製作あそび

CONTENTS

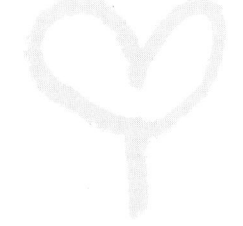

1章

季節のちょこっと製作あそび

「こいのぼり」や「七夕飾り」
「クリスマスツリー」など、
作って飾るだけになりがちな
季節の行事の製作を、
「作って」「あそんで」「飾る」
製作あそびに変えてみませんか。
他にも、身近な素材を使った
季節感のある製作あそびを集めました。

シーツのりで魔法のお絵かき
「花を咲かせよう」

シーツのり（洗濯用の粉のり）を使って、枯れ木に花を咲かせます。じわじわと花が浮かび上がってきて、まるで魔法の花が咲いたよう。のりが苦手な子どもにも楽しいのりあそびです。

用意する物

- 画用紙
- クレヨン
- のり
- シーツのり
- 食紅（赤、黄、緑など）
- 容器
- お手ふき

準備

- 容器にシーツのりを入れ、食紅を少し（のりの1%くらいが目安）加えて混ぜ、“魔法の粉”を作る（見た目に食紅の色は出ない）。2、3色の“魔法の粉”を用意し、それぞれ別容器に入れておく。
- 3歳児には、「作ろう！」①の木（枝のみ）の絵を用意しておく。

作ろう！

1. 画用紙にクレヨンで木（枝のみ）の絵を描く。

「いっぱい花が咲きますように」ってのりを塗ろうね。

2. 枝のまわりにのりを塗る。

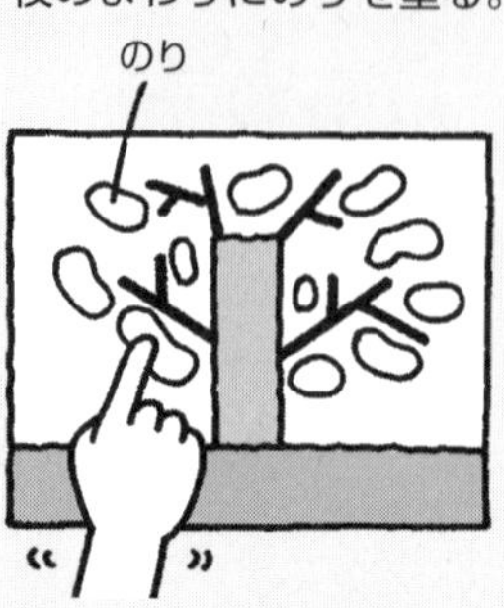

花を咲かせよう

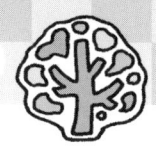

3 お手ふきで指についたのりをきれいにふき、“魔法の粉”をつまんで静かにふりかける。

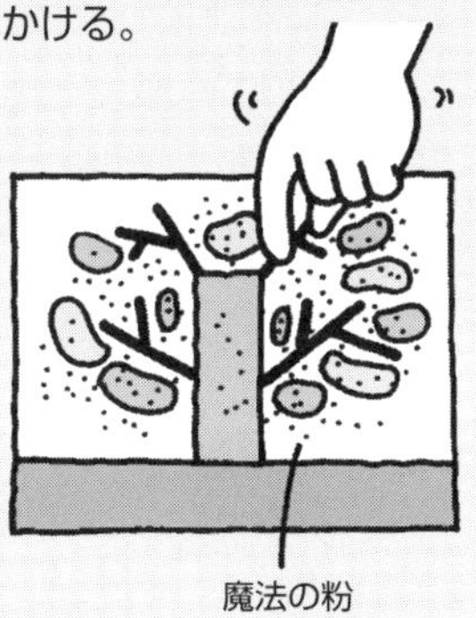

じわじわと色が浮かび上がってくる。

枯れ木に花を咲かせるよー。
静かに“魔法の粉”をまいてね。

4 画用紙に残った粉は、こぼさないよう注意しながら容器に戻す。

注意

- のりのついた手はお手ふきでよくふいてから“魔法の粉”にさわるように約束しよう。
- のりや“魔法の粉”のついた手をなめないように約束しよう。
- “魔法の粉”はとびちりやすいので、静かにまくように約束しよう。

バリエーション

残った“魔法の粉”を使って

シーツのりは水を少し入れると固まるので、残った“魔法の粉”に水を加えて丸め、カラフルなボールを作ってあそぼう。
小さく作って、透明な容器に入れて飾ってもきれい。

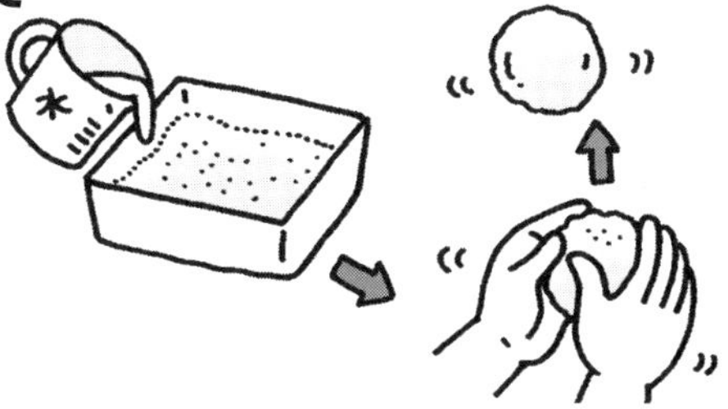

あそぼう！

大きな山が花でいっぱい

１人またはグループごとに、１枚ずつ大きな山の絵を用意します。花を咲かせた木の絵をそれぞれはさみで切って、山の上にのりで貼ります。

山をお花の木でいっぱいにしよう。

注意

- はさみの扱いを確認してからはじめよう。

もっとにぎやかな“山”にしよう

動物や鳥などを自由に描き加えたり、お話の絵にしたりと、どんどんイメージを広げましょう。

先生の山には
たくさん小鳥さんがやってきましたー。
みんなの山には
どんな動物さんがやってくるかな？
虫さんもいるかな？

POINT

子どもの自由な発想を楽しみ、大人の固定観念を押しつけないように気をつけよう。

こんなふうに展示しよう

山の名前をつけて貼ろう

できあがった山にそれぞれ名前をつけて、壁に貼る。

○○○山

○○○○山

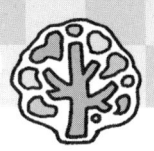

4~5月「こどもの日」の製作あそび

こいのぼりのけん玉
「こいけんくん」

紙コップを2つつないでこいのぼりのけん玉を作ります。いつもは飲み物を入れる「コップ」をまったく違う物に変身させるおもしろさを感じながら作りましょう。

用意する物

- 紙コップ
- ひも
- セロハンテープ
- 割りばし
- アルミホイル
- クレヨンまたは油性ペン

準　備

- 3歳児には、「作ろう！」②の目の位置に○を描いておくところまで準備しておく。

作ろう！

1 2つの紙コップの底を合わせ、セロハンテープで貼ってつなげる。

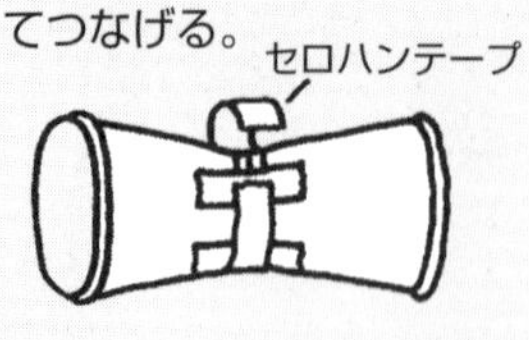
セロハンテープ

※セロハンテープで何か所かをとめてから、ひとまわり貼る。

2 クレヨンや油性ペンで、目を描く。

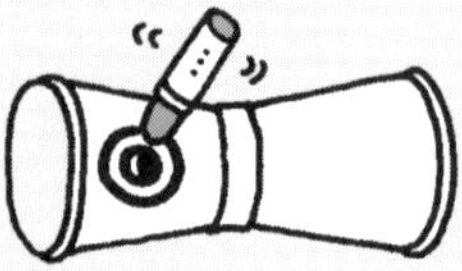

コップの底をぴったんこしたよ。何ができるかなー？

3 ウロコなど、自由にこいのぼりの模様を描き、尾のほうをたいらにつぶす。

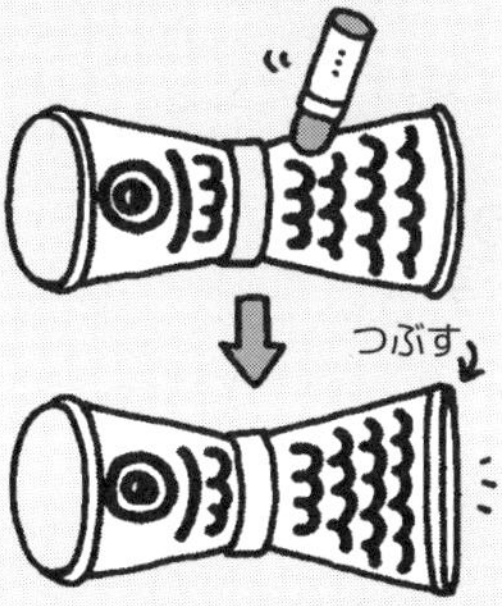

4 20cmほどに切ったアルミホイルの真ん中に割りばしを置き、セロハンテープでとめて、アルミホイルをしわくちゃに丸める。

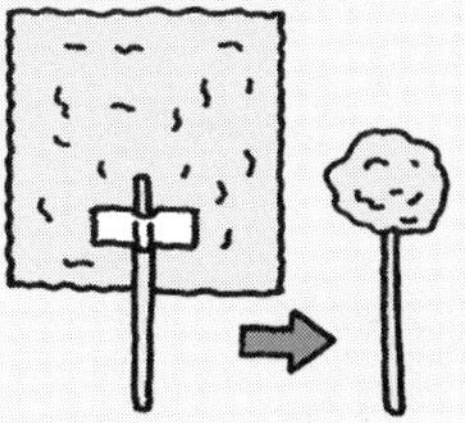

5 紙コップと割りばしをひもでつないでできあがり。

きれいな模様をいっぱい描いて、ペタン！

こいのぼりの「こいけんくん」っていうのよ。

こいけんくん、おなかがすいたんだって。ごはんを作ってあげようね。

みんなのこいのぼりにも、名前をつけてあげてね。

注意

●割りばしを口に入れないように伝え、実際に口に入れていないかに気を配ろう。

あそぼう！

「こいけんくん」がパクッ

割りばしを持って、「こいけんくん」を放り投げ、割りばしの先で受けとめます。「こいけんくん」はアルミホイルのエサをパクッと食べられるかな？

こいけんくんに、ごはんを食べさせてあげるよー。
よっ！
はっ！
こっち こっち！

注意

●人に向けて振りまわさないように約束しよう。

POINT

「けん玉」はむずかしいので、うまくいかなくて嫌になる子どももいる。そうなる前に、手を使って「パクッ」「ムシャムシャ」と動かしながら食べさせたり、友だち同士で食べさせ合ったりなど、簡単なあそび方を伝えよう。

「こいけんくん」の散歩

割りばしを持って「こいけんくん」を散歩させてあそびましょう。
「こいのぼりの『こいけんくん』はどこにお散歩にいきたいかな？」「空のお散歩ってどんな感じかなぁ」などとみんなでイメージを広げましょう。

おなかがいっぱいになったから、今度はお散歩につれていこうか。

まぁ
おくさん
オホホホッ
うちの
こいけんでございます

こんなふうに展示しよう

青空に泳がせて

壁に青い紙を貼って空に見立て、「こいけんくん」を貼る。

家に立てて

段ボール箱に窓や屋根の絵を描いたり貼ったりして家に見立てる。「こいけんくん」を割りばしに固定して、段ボール箱の家に差す。

ティッシュペーパーの「ひんやりデザート」

ティッシュペーパーをプリンやゼリーのカップで型取って色をつけ、カラフルでおいしそうな夏のデザートを作ります。

用意する物

- ティッシュペーパー
- プリンやゼリーのカップ
- 絵の具
- 筆
- 水性ペン

準　備

- 水道が近くにない場合は、ヤカンやペットボトルなどに水を入れておく。
- 水がこぼれることがあるので、作業をする台やまわりがぬれてもよいようにシートなどを敷いておく。またはぬれてもよい場所でおこなう。

作ろう！

❶ ティッシュペーパーを団子のように丸める。１枚ずつ加えながら、少しずつ大きな団子を作る。

※カップ１個に20枚程度が適量。

❷ ティッシュペーパーの団子をカップにつめ、水をカップいっぱいに入れてから、団子を強く押して水を絞り出す。絞り出した水は捨てる。

※子どもでは水を絞り出すのが不十分なので、保育者が手を貸したり、仕上げたりする。

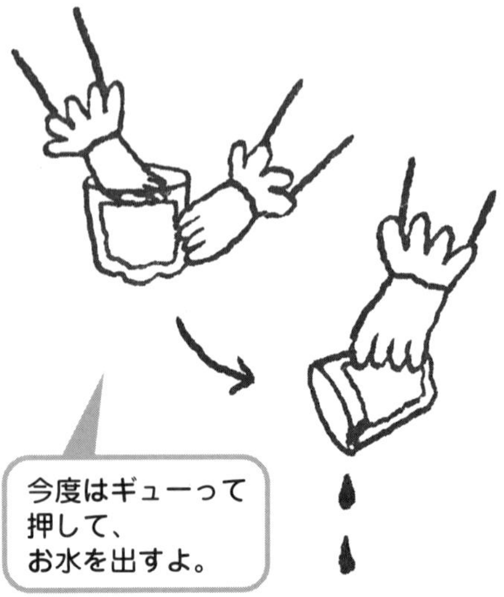
今度はギューって
押して、
お水を出すよ。

3 手のひらに強く当てるようにしてカップからはずす。

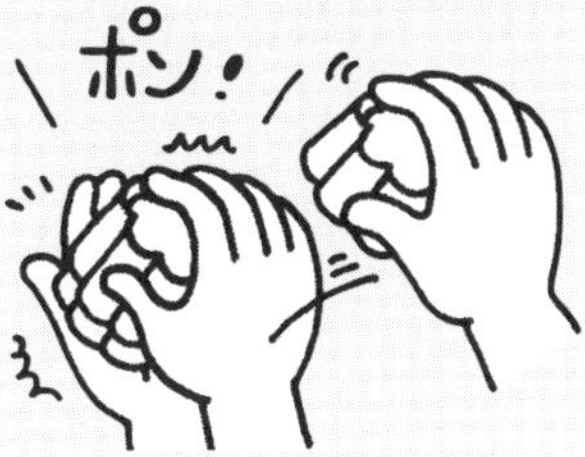
ポン！

おいしいプリンができるかなー。

4 絵の具を使って自由に色をつける。水性ペンで模様を描いても楽しい。

※だれの作品かがわかるようにしておく。

先生は赤と黄色で、イチゴとバナナのプリンを作ったよ。みんなは、どんなプリンやゼリーが食べたい？

5 日の当たる場所に2、3日置いて乾かす。

注意

● 必ず日当たりのよい場所で乾かそう。日の当たらない場所で乾かすと、カビが生えてしまうことがある。

バリエーション

型を使わずギュッと握れば

ティッシュペーパーを丸めたものを水でぬらして絞るだけで、おにぎりやお寿司の形が作れる。ネタやのりの部分に色をつけて。

あそぼう！

デザートバイキングごっこ

デザートバイキングごっこをしてあそびましょう。紙皿を用意し、1人ずつ好きなデザートを選んでのせていきます。何個ずつのせるか、指示を変えてくり返しあそんでもよいですね。

好きな物を3つ、お皿にのせよう。
えへへ
いいにおい〜

POINT

テーブルに座って「いただきまーす」。どんなデザートを選んだのか、何の味のデザートが好きかなど、みんなで発表し合っても楽しい。また、おにぎりやお寿司などいろいろな食べ物を作って並べ、バイキングごっこをしてもよい。

もっと作ろう！

「ひんやりデザート」の飾り

紙皿に模様を描いたり、シールで飾ったりしてから、デザート（乾いたもの）などを木工用接着剤で紙皿に貼りつけます。リボンをつけてフックなどにかければ、壁飾りになります。

デザートをお皿に盛りつけるよ。
ほら！ おしゃれでしょ！

こんなふうに展示しよう

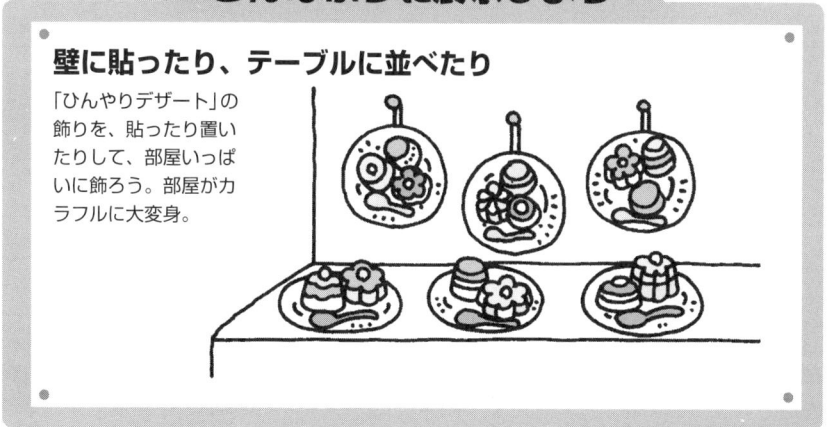

壁に貼ったり、テーブルに並べたり

「ひんやりデザート」の飾りを、貼ったり置いたりして、部屋いっぱいに飾ろう。部屋がカラフルに大変身。

カラークリアファイルを使った「透明な七夕飾り」

色とりどりのクリアファイルを使って、透明で涼しげな七夕飾りを作ります。重なり合ったときの色の変化にも注目したい製作あそびです。

用意する物

- カラークリアファイル
- クッキングペーパー
- 粘土板（など板状のもの）
- 霧吹き
- アイロン
- アイロン台
- 穴あけパンチ
- ひも

準　備

- カラークリアファイルをいろいろな大きさの○△□の形に切り、製作の直前に霧吹きでぬらす。

作ろう！

1. 粘土板の上にクッキングペーパーを敷いて、その上に、切っておいたカラークリアファイルを、一部を重ねながら長くつなげて置く。

好きな色や形の物を５枚選んでね。色も形もバラバラでいいよ。

少しずつ重なるようにしながら、長くつないでみよう。

POINT

重なった部分の色が変わることにも注目させよう。

2 アイロンをかける場所まで、子どもが粘土板ごと運び、形が崩れないようにクッキングペーパーをそっとアイロン台に移す。上からもクッキングペーパーを当て、保育者がアイロンをかける。

※高温（ドライ）で20秒程度押し当てる。クッキングペーパーに形がくっきり写り込んだらＯＫ。

クッキングペーパー

ここがアイロンやさんでーす。形ができたら持ってきてね。

注意

●アイロンにふれないように約束するとともに、アイロンのそばには必ず１人保育者がいるようにしよう。

3 冷めたら、クッキングペーパーをゆっくりはがす。冷めるのを待つ間は、別の飾りを作ろう。

※クリアファイルがはがれてしまうときは、再度アイロンをかける。

ゆっくりやさしーく紙をはがそうね。

4 上部にパンチで穴をあけ、ひもを通せば短冊のできあがり。

バリエーション

涼しげなコースターやマット、窓辺の飾りにも

小さく形を作ってコースターにして、お弁当や給食の涼しげな演出に。少し大きめに作れば花瓶敷きにもなる。

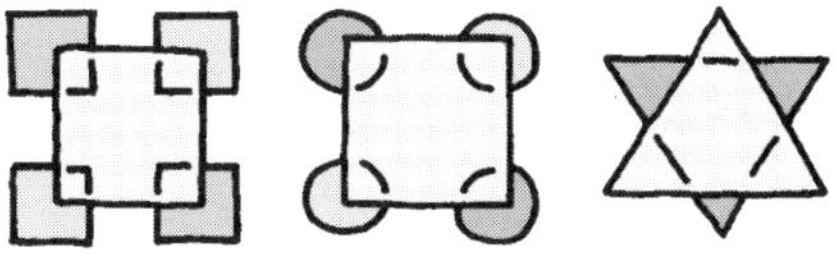

あそぼう！

いろいろな形を作って、クイズ大会

カラークリアファイルを自由に並べて、いろいろな形の飾りを作りましょう（手順は短冊と同様）。できあがった飾りを見せ合いながら、何の形か当てっこしましょう。

みんなどんな飾りができたかな？
何の形を作ったか、
クイズ大会で当てっこしよう。
じょうずにできたね！

POINT

○△□からいろいろな形ができることに気づけるよう、「ホントだ！ ○と△で小人さんのお顔だね」などと、言葉がけを工夫しよう。

「透明な七夕飾り」を飾ろう

短冊には油性ペンで願いごとを書いて飾りましょう。字が書けない子は絵を描いたり、保育者が代筆します。

短冊にお願いごとを書くよ。
先生は「おりひめとひこぼしがあえますように」って書こうっと。

こんなふうに展示しよう

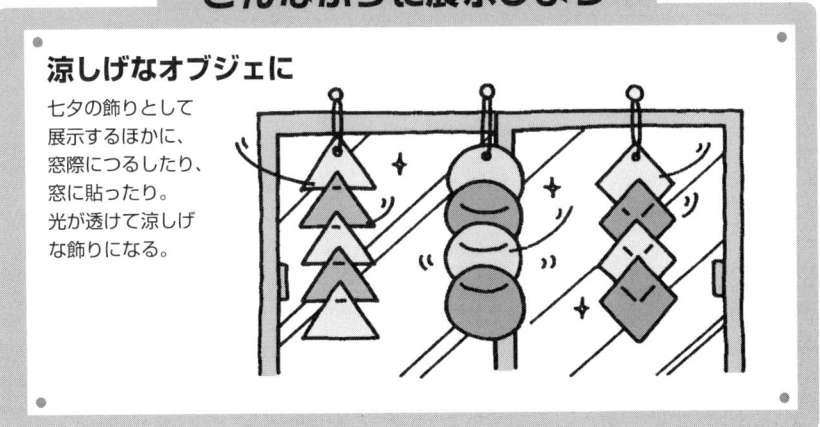

涼しげなオブジェに

七夕の飾りとして展示するほかに、窓際につるしたり、窓に貼ったり。光が透けて涼しげな飾りになる。

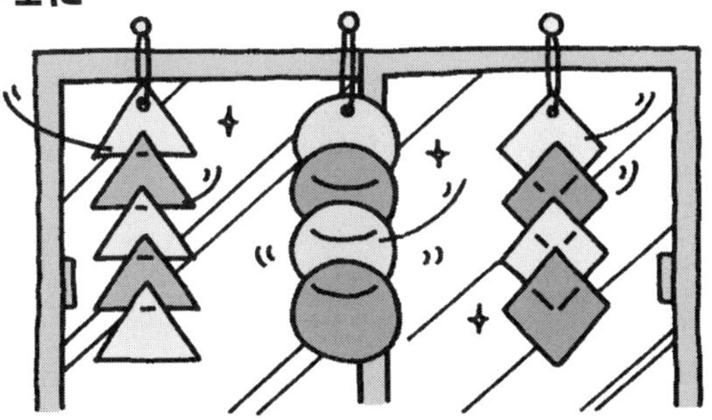

発泡スチロール皿で作る
「走る！ うさぎ」

「お月見」と言えば？……「月」。「月」と言えば？……「うさぎ」。「うさぎ」と言えば？　最初に子どもたちと言葉の連想ゲームを楽しんでから、走るうさぎを作ってあそびましょう。

用意する物

- 発泡スチロール皿（長さ20cm、幅10cm、深さ2cm程度のものが適当）
- 輪ゴム
- ガムテープ
- 画用紙
- クレヨンまたは油性ペン
- はさみ
- ゼムクリップ（大きめのもの）

準　備

- 画用紙をうさぎの顔の形に切っておく。
- 3、4歳児には、「作ろう！」②のように発泡スチロール皿を切っておく。5歳児には切る線を描いておく。

作ろう！

❶ うさぎの顔の形に切った画用紙に、クレヨンや油性ペンで顔を描き、下1cmほどを山に折る。

1cm

これ、だれのお顔かな？
ヒントは、今の「『お月見』と言えば？」のお話に出てきたよ。
そう、うさぎさん。
目や口は、みんなで描いてあげようね。

2 発泡スチロール皿の短いほうの側面を図のようにはさみで切り取り、一方に輪ゴムをガムテープでとめる（うさぎの体）。

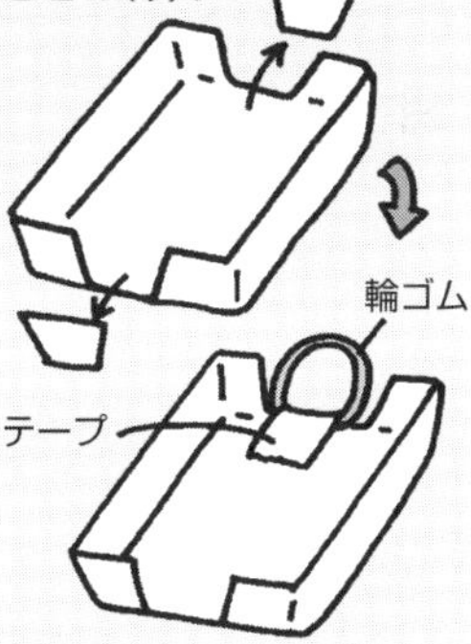

顔をガムテープで貼り、クレヨンや油性ペンで体に自由に模様を描く。

3 ゼムクリップの外周の部分をねじって起こし、床や机の上にガムテープで固定して、発射台にする。ゼムクリップの起こした部分にうさぎのゴムを引っかけて引っ張り、手をはなすと、うさぎが走る。

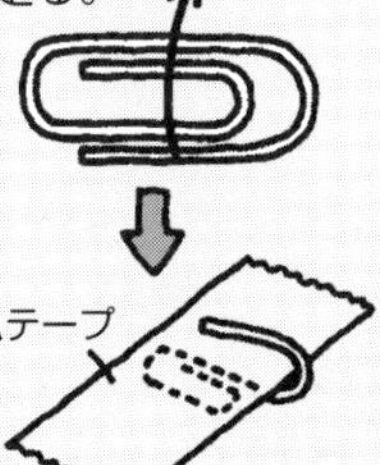

これがうさぎさんの体です。
先生は、うさぎさんに、かわいーいお洋服を着せちゃおう。

注意
●はさみの扱いに注意しよう。

見ててねー。
手をはなすと、うさぎさんが走るよー。
それっ！

POINT

お月見やうさぎにこだわらず、自由に好きな動物を作っても楽しい。

注意
●ねじって起こしたゼムクリップでケガをしないよう気をつけよう。

9～11月「お月見」の製作あそび

あそぼう！

「走る！ うさぎ」のかけっこ競争

机の上に、１列になるようにゼムクリップの発射台をいくつか並べます。「よーいドン」で自分の「走る！ うさぎ」を走らせて、一番遠くまで進んだ人が勝ち。机から落ちたら負け（一度だけやり直しＯＫにしてもよいでしょう）。

だれのうさぎさんが
一番遠くまで走れるかなー？

注意

●発射台のゼムクリップでケガをしないよう気をつけよう。

POINT

どうすれば遠くまで走るかをみんなで考えたり、楊枝と紙で順位の旗を作って発泡スチロール皿に刺したりなど、くり返し楽しくあそべるよう工夫しよう。

「走る！ うさぎ」でお団子ボーリング

お月見団子に見立てて積み重ねた紙コップめがけて、「走る！ うさぎ」を走らせます。何個倒せるか、ボーリングのようにしてあそびましょう。

うさぎさん、お団子めがけて
走れー！

こんなふうに展示しよう

お月さまのまわりに大集合

壁に大きな月を飾り、そのまわりを囲むように「走る！ うさぎ」を飾る。

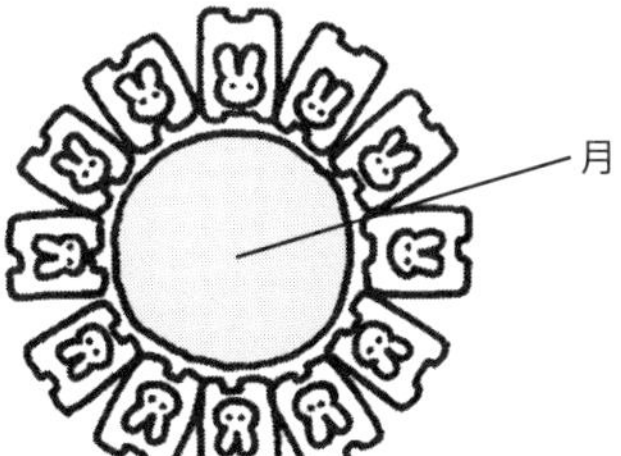
月

塗る、描く、切る、丸める
「さつまいもがいっぱい」

塗ったり、描いたり、切ったり、丸めたり。作り方や素材を変えて、いろいろな“さつまいも”を作ります。本物のさつまいもを観察してからはじめましょう。

用意する物

- 紙（コピー用紙など）
- 折り紙
- お花紙
- クレヨン
- はさみ
- さつまいも（観察用）

準　備

- 紙をさつまいもの形に切っておく（いろいろな形や大きさにする）。

作ろう！

1. 本物のさつまいもを観察したあと、さつまいもの形に切った紙を見せる。

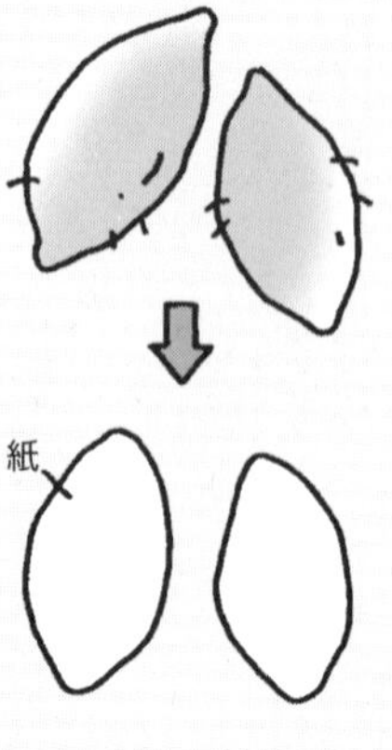
紙

これ、何の形に見える？
う〜〜ん
あっ!
今から、おいもさんをたくさん作りまーす。

2 さつまいもの形に切った紙に自由に色を塗ったり、自由にさつまいもを描いて、まわりをはさみで切ったりする。

どんなおいもさんができるかなー？

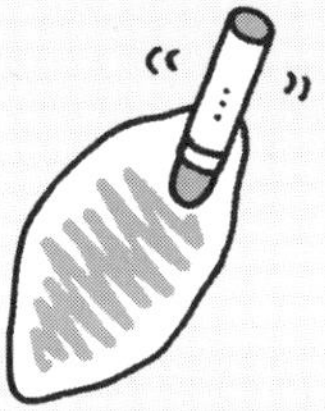

注意

●はさみの扱いに注意。

3 紙全体（両面）に色を塗り、丸めて立体のさつまいもを作る。折り紙やお花紙でも作り、感触やできあがりの違いを比べよう。

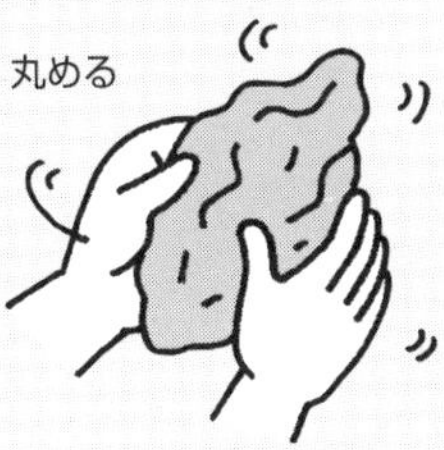

ギュッギュッて丸めると、
本物みたいなさつまいもができるよ。

POINT

本物のさつまいもの色や形を観察したり、さわったりしてから製作をおこなうことが大切。
「だれのさつまいもが一番大きいかな？」「長いかな？」など、作品を比較するような言葉がけは、作業が雑になりやすいので避けよう。

9〜11月「いも掘り」の製作あそび

あそぼう！

おいも掘り

ビニールプールや、遊具や積み木で作った囲いの中に、丸めたりちぎったりした新聞紙を入れて畑に見立てます。作ったさつまいもを畑のあちこちに隠し、「よーいドン」で探しましょう。見つけたさつまいもは、壁面製作（右ページ）に活かします。

グループにわかれて
おいも掘り競争をするよー。
いくつ見つけられるかな？

POINT

本物のさつまいもも一緒に隠して、本物にふれる機会をつくろう。

もっと作ろう！

土の中をのぞいてみよう

梱包用クラフト紙（ロール状のもの）を広げてクシャクシャにし、土の中に見立てます。グループごとに“おいも掘り”で見つけたさつまいもを貼り、ツルや葉を描いたり、色画用紙で作って貼ったりします。アリやモグラなど、地中の生き物も作って貼って、にぎやかな「土の中の世界」を作りましょう。

おいもは、どんな格好で寝てるのかなぁ？
モグラさんも寝てるかな？

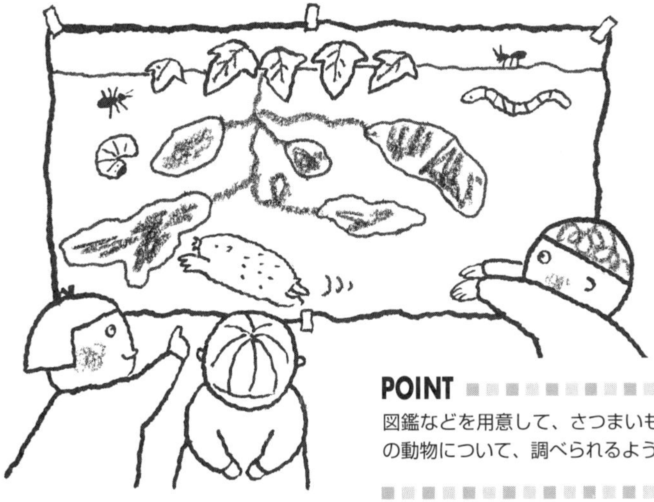

POINT

図鑑などを用意して、さつまいものでき方や地中の動物について、調べられるようにしておく。

こんなふうに展示しよう

つないで貼って大きな壁面装飾に

グループごとに作った「土の中の世界」をつないで貼る。そのあとで、貼られたさつまいもの中から、「強いで賞」「おいしそうで賞」「きれいで賞」などを選ぶと盛り上がる。

壁面に飾れる
「とび出すクリスマスツリー」

とび出したり引っ込んだり……、画用紙が立体になるおもしろさが感じられる製作あそびです。部屋のあちこちに飾れば、クリスマス気分も一層盛り上がりますね。

用意する物

- 画用紙（緑）
- 紙皿
- のり
- 綿やシール、折り紙など（飾りつけ用）
- はさみ

準　備

- 3、4歳児には、「作ろう！」①の緑色の画用紙をツリーの形に切るところまで進めておく。5歳児には、自分で切れるように切る線を描いておく。

作ろう！

1 緑色の画用紙をツリーの形に切って半分に折る。

2 さらに両側を外に折る。

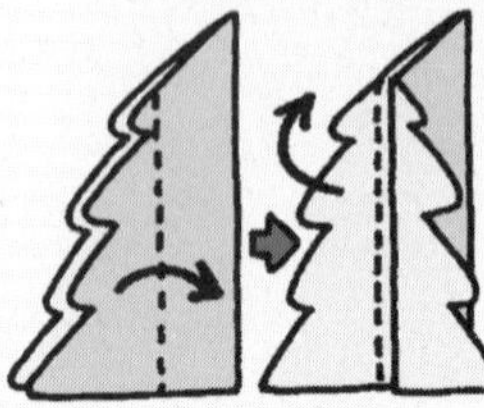

クリスマスツリーの飛行機みたいだね。とぶかな？……とばないね。
ヤーッ!
う〜〜ん

とび出すクリスマスツリー

3 ①で半分に折ったところに、図のように2本ずつの切り込みを3か所入れ、山側から押し込むようにして谷折りにする。3、4歳児には、保育者が切り込みを入れ、子どもが押し込むようにする。

『スイッチオン』で押し込むよ。できるかな？

注意

●はさみの扱いに注意。

4 ツリーの左右の端にのりをつけ、立体になるように紙皿に貼る（むずかしい様子の子どもは、保育者が手助けをする）。最後に綿やシール、折り紙などで飾りつける。

自分だけのクリスマスツリーができたね。

POINT

クリスマスツリーをイメージできるよう、園に本物のクリスマスツリーが飾ってあればそれを見たり、絵本や写真などで確認したりしてからはじめよう。

12～3月「クリスマス」の製作あそび

あそぼう！

サンタクロースに何をお願いしたでしょう？

クリスマスプレゼントにほしい物を絵に描いて切り、紙皿の底面に貼ります。自分の作った「とび出すクリスマスツリー」を持ってみんなで輪になり、サンタクロースに何をお願いしたか、発表しましょう。
ヒントを出したりして、クイズ形式で当てっこしても楽しいです。

先生は、白くて甘くてイチゴがのっている物をお願いしたよ。なーんだ？
ピンポーン！ジャーン！クリスマスケーキだよ！

POINT

「そんなプレゼント、もらえないよー」などとほかの子どもから否定の言葉が出たら、「えー、もらえるかもよー」と、期待をもてるような言葉がけをしよう。

もっと作ろう！

「とび出すクリスマスツリー」合体！

1人1つずつ作った「とび出すクリスマスツリー」で、大きなクリスマスツリーを作りましょう。適当な大きさのダンボールや大型積み木を重ねたもの、厚紙で作った円すいや三角すいなどに、それぞれの「とび出すクリスマスツリー」を両面テープなどで貼ります。あいたところにはクリスマスの装飾をして、できあがり。

※左ページのあそびをしたときは、底面のプレゼントの絵が貼られていないところに両面テープを貼る。

みんなのクリスマスツリーを合体させて、○○ぐみのクリスマスツリーを作るよ。

こんなふうに展示しよう

ツリーの形に並べて

ツリーの形になるように並べて貼る。紙皿の底面にプレゼントの絵を貼った場合は、窓などのガラス面に貼り、裏側から絵が見えるようできるとよい。

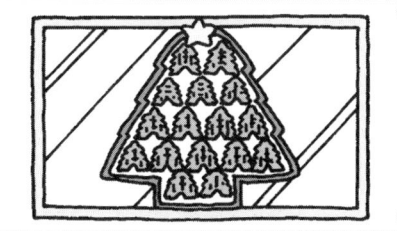

大きな口で何でも食べちゃう
「ぱくぱくオニ」

梱包用のクラフト紙を使って、大きな口がぱくぱく動くオニを作ります。口と一緒に目も動いて、表情が変化するのもおもしろく、お面とはひと味違う楽しみ方ができます。

用意する物

- 梱包用クラフト紙（ロール状のもの）
- 輪ゴム
- セロハンテープ
- 画用紙
- クレヨン
- はさみ
- のり
- 絵の具
- 筆

準　備

- クラフト紙を60×80cm程度の大きさに切る。3歳児には、「作ろう！」①の巻くところまで進めておく。

作ろう！

❶ クラフト紙を両側から巻く。

❷ 両端から少し内側を握って絞り、キャンディーのような形にする。絞ったところには輪ゴムをきつく巻く。

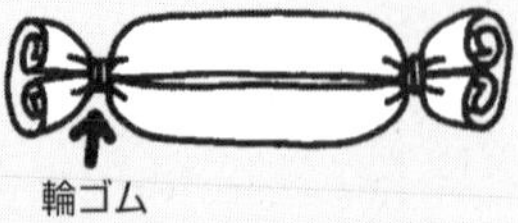
輪ゴム

※輪ゴムを巻くのは保育者がおこなう。

くるくる巻いて、ギュッ
大きなキャンディーみたいでしょー。
でも、キャンディーじゃないよ。

3 上下を広げるようにして、形を丸く整える。

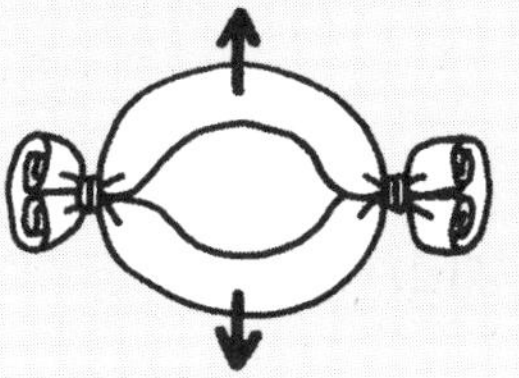

※両端を持って動かすと、口がぱくぱくする。

4 絵の具で色を塗る。絵の具を乾かす間に、画用紙に角や目などをクレヨンで描いて切り、セロハンテープやのりで貼る。

見て見てー。ほら、お口がぱくぱく動くの。何ができると思う？

注意
●はさみの扱いに注意。

角と目をつけてー。さあ、なーんだ？
ガオ〜〜〜ッ!
カニーーッ
パオーン!
キャー

POINT

輪ゴムを巻くのは4、5歳児でもむずかしいので保育者がおこなうが、子どもがやりたがったときは、できないと決めつけず、挑戦させよう。

12〜3月「節分」の製作あそび

あそぼう！

「ぱくぱくオニ」の自己紹介

自分の「ぱくぱくオニ」に名前をつけて、発表し合いましょう。発表するときは、自分の顔の前でオニの口をぱくぱくさせて、オニがしゃべっているようにします。

自己紹介が終わったら、みんなでオニの口をぱくぱくさせて、「オニのパンツ*」をうたったりしましょう。

みんなのオニの名前を教えてね。
最初に先生のオニくんを紹介するね。

ぼくは青オニのおにのすけです
うまい、うまい
こわくないもんね
う〜

POINT

はずかしがったり、うまく発表できなかったりする子どもには、保育者が「お名前は？」と聞いたり、かわりに発表したりして、無理強いしないようにする。

＊『先輩が教える保育のヒント〈運動会・生活発表会・作品展〉40』（黎明書房）の付録に、「ヒップホップふうにアレンジ『おにのパンツ』」のＣＤがついています。

豆を「ぱくぱく」集めよう

新聞紙や広告を丸めて「豆」に見立て、床にたくさん広げておきます。自分の「ぱくぱくオニ」で「豆」をぱくっと食べて、箱に入れてあそびましょう。
4、5歳児はグループ対抗のリレー競争にしても楽しいです。

豆をぱくっと食べて、
戻ってきて箱に入れたら、
次の人にタッチするのよ。

こんなふうに展示しよう

いつでも「ぱくぱく」あそべる展示

口の真ん中を画びょうなどで壁にとめる。壁に飾った状態でも「ぱくぱく」できるのが、子どもにはおもしろい。

スプーンと紙皿で「ゆらゆらおひなさま」

スプーンがおひなさまに変わっていく過程が楽しい製作あそびです。紙皿も縁に色をつければ豪華な台座に早変わり。ゆらしてあそべるのもうれしいひな人形です。

用意する物

- プラスチックスプーン
- 紙皿
- 千代紙
- 折り紙（黒）
- 油性ペン
- セロハンテープ

準　備

- 黒の折り紙を1.5×6cm程度に切っておく（えぼしに使う）。

作ろう！

1 黒の油性ペンで、スプーンの内側に顔と髪を描く。おだいりさまには、黒の折り紙のえぼしをつける（半分に折ってスプーンの裏側に貼る）。

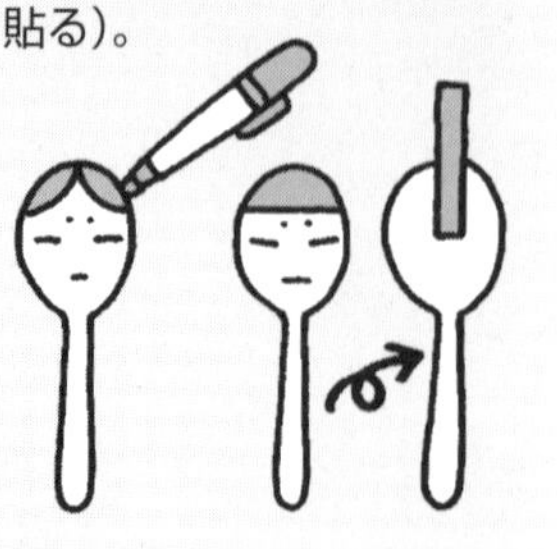

おひなさまとおだいりさまの顔を描くよ。
先生のおひなさまは、どんな顔にしようかなー。

POINT

事前に本物のひな人形を見る機会をつくったり、製作時に写真を用意したりすると、顔や髪を描いたり、紙皿に色を塗ったりするのに参考になる。

ゆらゆらおひなさま

2 千代紙を図のように折り、スプーンを真ん中にのせてセロハンテープで固定する。千代紙を着物を着せるように前で合わせて、折る。

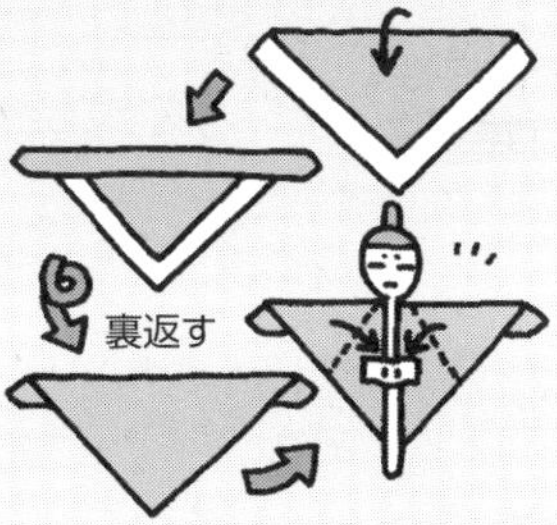

着物を着せまーす。
好きな模様の千代紙を選んでね。

3 紙皿を半分に折り、いろいろな色の油性ペンで色をつける。

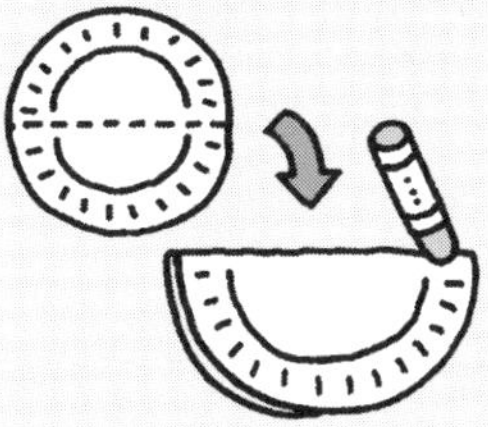

おひなさまとおだいりさまを座らせてあげようね。
ゆらゆらさせると、気持ちよさそうよ。

4 紙皿にスプーンの柄をセロハンテープでとめる。

※２体が左右の端から均等の位置になるようにとめると、バランスがとれる。

あそぼう！

倒れないで「ゆらゆら」させられるかな？

できあがったひな人形をゆらゆらさせてみましょう。手の力を加減したり、紙皿の折り具合を調整したり……。
じょうずにゆらせるようになったら、みんなで「ひな祭り」の歌に合わせて、ひな人形をゆらゆらさせてみましょう。

倒れないようにおひなさまをゆらゆらさせられるかな？
どうしたらじょうずにゆらゆらさせられるかな？

POINT

どうしたら倒れないでゆらゆらさせられるか、考えながらできるよう言葉がけを工夫しよう。2体の位置が片寄っていて、うまくゆらせない場合には、様子を見て保育者が貼り直してあげて。

もっと作ろう！

三人官女や五人囃子《ばやし》も作ろう

スプーンと千代紙や色とりどりの折り紙を使って、三人官女や五人囃子も作ってみましょう。作る前に本物のおひなさまや写真を見たり、「ひな祭り」の歌をうたったりして、おひなさまとおだいりさまのほかにどんな人形を飾るのかを考えてみましょう。

おひなさまとおだいりさまの
仲間を作ってあげよう。
ほかにどんなひな人形がいる
のかな？

こんなふうに展示しよう

ひな人形、大集合！

大型積み木や箱などを階段状に並べて、赤い画用紙や布を貼ってひな壇を用意し、ひな人形を飾る。「左近の桜」や「右近の橘」などを保育者が作っておき、あわせて飾ってもよい。

ADVICE

子どもの創造力を伸ばすには Ⅰ

感嘆詞を使ってほめよう

子どもの能力は、ほめることで伸びます。ほめられればうれしい。うれしいと心が弾み、積極的になり、試行錯誤も楽しくなります。その途中でさらにほめられれば、子どもはさらに自分なりの工夫をします。

製作活動においても、ほめることはとても重要です。そしてほめるときのポイントは、感嘆詞から発すること。例えばこんな感じです。

●例①

「わー、かわいい！」
「へえー、かっこいいなぁ！」
「あっ、これ、きれいだね！」

さらに、色だったり、形だったり、その子なりにこだわったところを見つけてほめることも大切。例えば、例①に具体的な言葉をプラスします。

●例②

「わー、このお花かわいい！」
「へえー、この形かっこいいなぁ！」
「あっ、この色、きれいだね！」

がんばったところを具体的にほめると、子どものうれしさは2倍にも3倍にもなります。

まずは子どもの作品をよく見て、その子なりのこだわりやアイディアを見つけること。そして、その部分をとくにしっかりほめてあげてください。

NPO法人ARTKIDS.JP　参考：『びじゅつのまほう』（NPO法人ARTKIDS.JP刊）

2章

園行事＋こんなときのちょこっと製作あそび

「遠足」や「参観日」などの
園行事に対応した製作あそびと、
「急に予定があいた」
「子どもに落ち着きがない」など、
状況に応じて取り入れられる
製作あそびを集めました。
「何をしようか」と迷ったときに
すぐに使えるアイディアです。

戸外でも作ってあそべる
「円盤！ くるくるビューン」

紙皿を使ってくるくるまわる円盤を作ります。遠足のときにおこなえば、すぐにとばしてあそべますが、事前に作って遠足を楽しみにするのもよいですね。

用意する物

- 紙皿（直径15～20cm）
- はさみ
- セロハンテープ
- ホッチキス
- ひも（約60cm）
- 水性ペン

準　備

- 3歳児には、「作ろう！」②の切り込みを入れるところまで準備しておく。
- 4歳児には、「作ろう！」①を保育者がおこない、さらに②の切り込み線を描いておく。
- 5歳児には、「作ろう！」①紙皿の中心までの切り込み線と、②の切り込み線を描いておく。

※親子遠足では、「準備」の部分を保護者にその場でやっていただく。

作ろう！

1 紙皿の中心まで切り込みを入れ、切った部分を少し重ねて円すい形にし、ホッチキスでとめる。

こんな形になったかな？

注意
- 戸外で製作する場合は１か所に集まっておこなう。はさみやホッチキスの扱いに気をつける。

円盤！ くるくるビューン

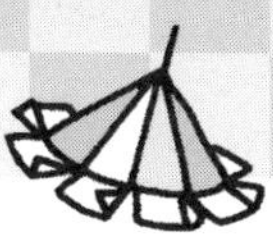

2 紙皿のまわりのでこぼこの部分に切り込みを入れ（少しずつ間隔をあけ、全部で10か所くらい）、それぞれの片側を図のようにななめに折り上げる（小さな三角ができる）。

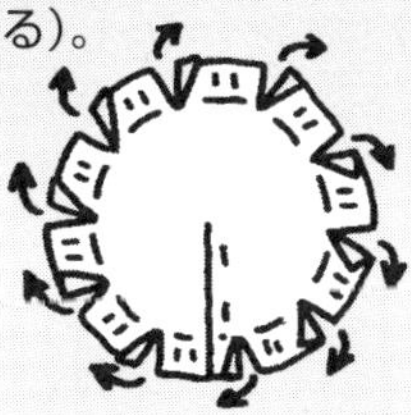

3 水性ペンで中心から放射状に区切る線を入れて、中に好きな色を塗る。

4 中心のとんがりの部分にひもをつけ、セロハンテープで図のようにとめる。

※中心のとんがりを少し切って穴をあけ、ひもを通して内側で結んで玉を作ってセロハンテープでとめると、しっかり固定できる（保育者がおこなう）。

いろいろな色で塗ると、まわったときにきれいに見えるよ。
くるくる
手で持って、少しくるくるとまわしてみよう。

POINT

中心から放射状に区切った中に色をつけると、まわったときにきれい。ただし、自由に塗りたい子どももいるので、提案するだけにとどめよう。

園行事　「遠足」に使える製作あそび

あそぼう！

くるくる円盤大集合

円盤を風に当てたり、持って走ったりしてまわしましょう。たくさんまわしてから、止まってつり下げるようにすると、反対方向に回転します。

風さんがいたら、
くるくるまわしてくれるよ。
風さんどこかにいないかな？

風さん、いないね。
風さんいなくても
まわるかな？

注意

●走ってまわすときは、円盤に気をとられ、子ども同士がぶつかる危険があるので、走る方向を決める。

POINT

どうしたらまわるかを最初から伝えず、子どもたちなりに考える機会をつくる。子どもたちからあがった答えは否定せず、できる範囲でチャレンジさせよう。

まわしっこ！

スタートラインとゴールラインを決めて円盤をまわしながら走り、ゴールラインのところで円盤をつり下げて持ち、回転させます。だれが一番早くゴールするかではなく、だれの円盤が最後までまわっているかを競います。

だれの円盤が最後まで
まわっているかなー。

こんなふうに展示しよう

風でくるくる

窓際につるすと、風がある日には、たくさんの円盤がくるくる回転。子どもたちは風の訪れに気づくかな？

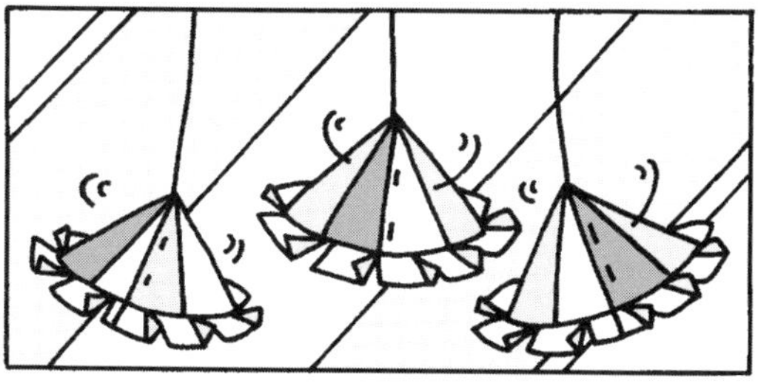

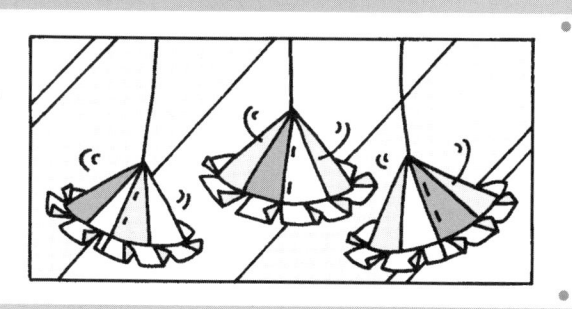

自然素材を親子で楽しむ
「ネイチャーフォトフレーム」

子どもの散歩コースを歩いたり、園庭を散策したりしながら、葉っぱや草花、小石など、自然の素材を親子で一緒に集め、それらを使ってフォトフレームを作ってみましょう。

用意する物

- 段ボール板
- 麻クロス
- 木工用接着剤
- お手ふき
- 自然素材（事前に子どもが集めておいたり、市販のパスタ、ポプリ、ヒマワリの種などを使ってもよい）
- 透明な袋（B7：プリント写真が入るサイズ）
- ガムテープ
- ひも

準　備

- 段ボール板と麻クロスをフレームの大きさに切って、用具とともに、親子単位またはテーブル単位でセットしておく（フレームの大きさは、写真を入れる透明な袋を真ん中にして、まわりを飾れる程度）。
- 事前におたよりなどで、親子または子どもの写真を1枚持ってきていただくようにお願いしておく。

作ろう！

❶ 段ボール板に木工用接着剤をたっぷりつけ、指でのばして麻クロスを貼る。

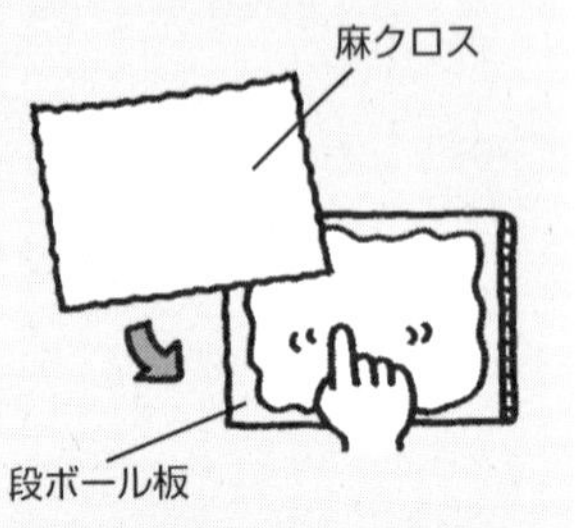

接着剤は隅から隅までのばしてください。
おうちの方もお子さんと一緒に。

ネイチャーフォトフレーム

2 麻クロスの面の真ん中に、木工用接着剤で透明な袋を貼り、まわりに自然素材を貼りつけていく。

※木工用接着剤が乾くまでさわらないように注意する。

素材にもたっぷり接着剤をつけて貼りましょう。
おうちの人と相談しながら貼ってね。

3 裏面（段ボール板の面）の上部に壁かけ用のひもをガムテープなどでつける。

できあがったら、袋に写真を入れる。

POINT

できるだけ子どもの思いを聞きながら進めていただくよう、保護者にお願いしよう。

バリエーション

紙皿で簡単に

材料の用意がむずかしかったり、時間があまりとれなかったりするときは、段ボール板と麻クロスのかわりに紙皿を使えば、簡単にフォトフレームができる。

「参観日」に使える製作あそび

あそぼう!

親子で飾りつけ

フォトフレームはすぐに持ち帰っていただくのではなく、保護者と一緒に飾りつけをして楽しみましょう。季節の雰囲気に合わせた色模造紙をあらかじめ壁に貼っておき、そこに両面テープや画びょうなどでフォトフレームを自由に飾っていきます。

POINT

保護者同士が遠慮し合って飾りつけがなかなか進まないときは、保育者が子どもに「どこに飾る?」などと聞いて誘導しよう。

みんなで大鑑賞会

壁に飾ったフォトフレームをみんなで見ながら、自分たちの作品はどれか、どんなことが楽しかったか、また、入れた写真について、親子で一緒に発表してもらいます。

こんなふうに展示しよう

どんどん変化する展示

「親子で飾りつけ」のあとは、あいているところに、残った自然素材を貼ったり、絵を描いたり、写真を変えたり、写真大のカードに絵を描いて差し込んだりしよう。子どもたちが自由に手を加えていくのがおもしろい。

紙コップと紙皿で作る
「アニマルメガフォン」

見慣れた素材が動物のメガフォンに大変身。メガフォンを使って声を出すとどうなるかな？　運動会の応援に大活躍です。

用意する物

- 紙皿
- 紙コップ
- セロハンテープ
- 折り紙
- クレヨン
- はさみ

準　備

- 3歳児には、「作ろう！」①の紙皿の中心までの切り込みを入れておく。
- 4、5歳児には、「作ろう！」①の紙皿の中心までの切り込み線を描いておく。

作ろう！

1 紙皿の中心まで切り込みを入れ、切った部分を少し重ねて円すい形にし、セロハンテープでとめる。てっぺんを切って穴をあける。

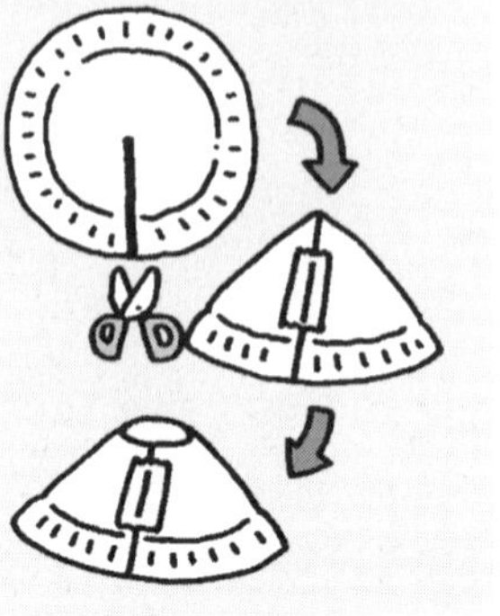

紙皿のとんがりのところを切って穴をあけます。
さあ、何ができるかなー？

注意

- はさみの扱いに注意。

アニマルメガフォン

2 紙皿の内側にクレヨンで顔を描き、折り紙などで耳をつければ顔のできあがり。

3 紙コップに色を塗ったり、折り紙を貼ったりして体を作り、セロハンテープで顔と体を合体させる。

※セロハンテープはクレヨンの上にはつかないので、避けて貼る。

適当な位置にセロハンテープなどで毛糸をつけ、首に下げられるようにしてもよい。

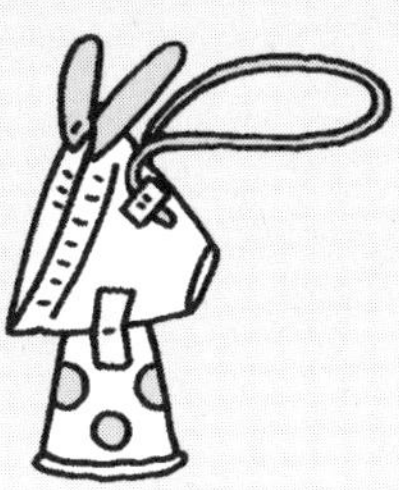

目を描いて、お耳をつけて……、さあ、なーんだ？
そう！　ライオンさん。でもね、これで終わりじゃないよ。
体も作ってあげて、合体！
このライオンさんはね、すごいことができるんだけど……答えはみんなが作ってからのお楽しみ！さあ、みんなも動物さんを作ってみようか。

POINT

ライオン、うさぎ、くまなど、3～5種類の中から好きな動物を選んで作り、55ページの「アニマルバスケット」につなげよう。紙皿や紙コップが何に変わっていくのか、子どもたちがワクワクするような言葉がけを工夫しよう。

あそぼう！

大きな声で応援合戦

「アニマルメガフォン」で声を出してみます。
メガフォンを使わないで声を出したときと使ったときの声の違いを、子どもは単純におもしろがります。

このライオンさんのメガフォンの、すごーい力を発表しまーす。よーく聞いてね。
注意
●友だちの耳元で大きな声を出さないように約束しよう。

POINT

メガフォンを使うと声の大きさが変わることを最初から伝えるのではなく、まずは保育者が声を出してみせ、子どもたちが違いに気づくようにしよう。

アニマルバスケット

「アニマルメガフォン」を使って、フルーツバスケットの要領であそびましょう。移動するときはメガフォンを口に当て、鳴き声を出しながら移動します。

「アニマルバスケット」と言ったら全員が動きます。最初に動物の鳴き声（鳴かない動物は「ぴょんぴょん」など）をグループごとに決めてからはじめます。

みんなの動物さんは
どんなふうに鳴くのかな？
グループで鳴き声を
決めよう。

こんなふうに展示しよう

運動会の応援が待ち遠しくなる展示

運動会までは、「応援もがんばるぞ！　○○ぐみ」などと書いたポスターを作り、そのまわりを囲むように「アニマルメガフォン」を飾る。

先生や友だちと仲よくなる「おててちゃん」

「手」の製作を、子ども同士または保育者と子どものコミュニケーションのきっかけにします。描画が苦手な子どももリラックスして取り組める製作あそびです。

用意する物

- クレヨン
- 画用紙
- はさみ
- 割りばし
- セロハンテープ

準　備

- 保育者の手形で、見本となる「おててちゃん」を作っておく（「作ろう！」を参照）。

作ろう！

1 画用紙に手を置き、クレヨンでなぞって、手形を作る。

※3、4歳児にはむずかしいので、保育者が子どもの手をなぞる。

2 手形の中に、目や鼻、口を描く。

ジャーン！
これは先生の「おててちゃん」です。
みんなのおててちゃんとも
友だちになりたいんだって。
みんなのおててで
お友だちを作ってくれる？

3 指の部分に色を塗ったり、模様を描いたりしてから、はさみで手の形に切る。

※切るのは保育者がおこなう。

4 切った手形に、セロハンテープで割りばしをつけてできあがり。

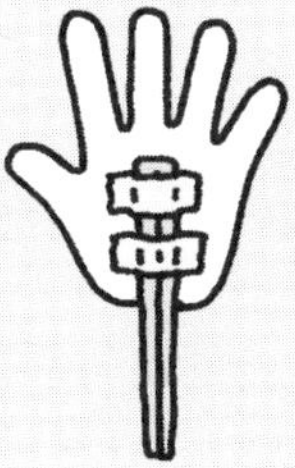

できたお友だちから、先生のおててちゃんとごあいさつをしよう。

注意

●割りばしの先でケガをする場合があることを伝え、割りばしを持って走ったり、振りまわしたりしないように約束しよう。

POINT

子どもは手が小さいので、指をしっかり開かないとなぞりにくいが、指を閉じたままでもおもしろい形ができるので、開くことを強要する必要はない。

バリエーション

模造紙に「おててちゃん」大集合

大きな模造紙にみんなの手形をなぞり、それぞれ自分で顔を描いたり、色を塗ったり。どれがだれの手形か、名前を書くのを忘れずに。そのまま飾るだけで、みんなが仲よくなった気持ちになれる。

あそぼう!

「おててちゃん」で「あくしゅ」

「おててちゃん」を持って音楽に合わせて歩き、音楽が止まったら近くにいる友だちと「おててちゃん」同士をタッチさせて「あくしゅ」。おじぎをするように動かして「こんにちは」。また音楽が鳴りはじめたら、横に振って「さようなら」をして歩く……をくり返してあそびましょう。
できるだけ違う友だちとタッチするように伝えましょう。

音楽が止まったら、タッチで「あくしゅ」してから、
「こんにちは」をしようね。
また音楽が鳴ったら「さようなら」だよ。

注意

●走らず歩くこと、割りばしを振りまわさないことを約束しよう。

POINT

歩くのにちょうどよいリズムの音楽を用意しよう。できれば保育者も一緒におこなう。

「おててちゃん」でジャンケン

チョキやグーの「おててちゃん」を保育者が用意し、子どもが自由に顔を描いたり、色を塗ったりしてから、グー、チョキ、パーの「おててちゃん」でジャンケンをしてあそびましょう。保育者対子どもたちでジャンケンをしたり、勝ち抜き合戦にしたり。

グーとチョキとパーの3つのおててちゃんで先生とジャンケンしよう。
おりゃー!
グー!
グー!

こんなふうに展示しよう

木に「おててちゃん」の花が咲いたよ

模造紙に大きな木の絵を描き、「おててちゃん」を飾る。割りばしが枝に、「おててちゃん」が花のようにも、実のようにも見えて、楽しい。

すぐにはじめられる
「かきかきクイズ」

散歩を予定していたのに急に雨が降ってきたときなどには、すぐにはじめられるこんな製作あそびがおすすめ。事前の準備も簡単。線を描いた紙をたくさん用意しておけば、いつでもすぐに使うことができます。

用意する物

- 紙（コピー用紙など）
- クレヨンまたは油性ペン

準　備

- 保育者は紙に不規則な線を描く（63ページ参照）。コピーしてたくさん用意しておく。

作ろう！

❶ いろいろな線が描かれたコピー用紙の中から好きなものを選ぶ。

これなーんだ？　何の形に見える？
口だー！

2 描いてある線を使って、クレヨンや油性ペンで自由に絵を描く。
描き終わったら、別の線が描いてある紙を選んでどんどん描いてよいことにする。

どんな絵が描けるかなー？
たくさん描いていいよ。

POINT

あそび感覚で楽しめるよう、保育者は手本を見せたり、ヒントを出したり、注意したりしないこと。ただし、何枚も描き捨てるようにしている子どもには、「色を塗ってみようか」などと声をかけよう。

バリエーション

大きな紙を使って

大きな紙のあちこちに不規則な線を描き、子どもたちは好きな場所で自由に描くようにする。友だちの絵と合体させたり、線のないところにも絵が広がったりして、自由にのびのび描くことが楽しめる。

あそぼう！

「これなーんだ？」クイズ大会

子どもたちが描いた絵を使って、クイズ大会をします。見せただけで答えがあがらないときは、「動物です」「食べられます」などと、描いた子ども自身がヒントを出します。うまくヒントが出せないときは、友だちや保育者が、「何をする物ですか？」とか「食べられますか？」などと質問するようにしてもよいですね。

ハイ,ハイ,
わたしの絵です
食べ物じゃ
ないのかー

○×カードを用意しておき、当たったら○カードを上げて「ピンポーン」、間違ったら×カードを上げて「ブッブー」と言うようにすると、さらに盛り上がります。

POINT

どの絵をクイズにするか選んだり、出題したりも子どもが自分でするが、様子を見て保育者が手助けしよう。

子どもの自由な発想を生み出す線の描き方

- シンプルな線から複雑な線まで、難易度の違う線を用意する。最初はシンプルなものを与え、少しずつレベルアップしていく。
- ○や△など線が閉じていると、中に色を塗るという発想になりやすいので、～ や U のように閉じていない線を多めに用意する。
- 同じ線でも、用紙の真ん中に描いてあるか、端に描いてあるかで発想が変わってくるので、いろいろな場所に描く。
- 線の色は黒よりもグレーのような薄い色の方が発想が生まれやすい。

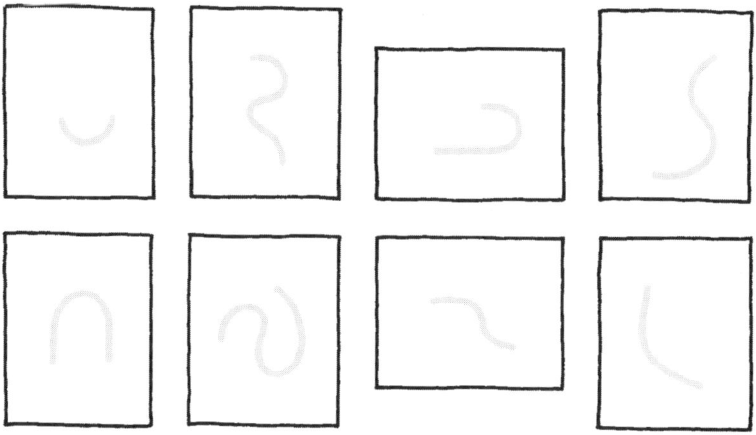

こんなふうに展示しよう

同じ線から描いた絵を集めて

同じ線から描いた絵を集めて貼ってみる。いろいろな発想があることが見えておもしろい。

思わず笑顔になる
「スポンジ百面相」

ケンカをして心が晴れない子、怒られてシュンとしている子からも、笑顔が自然に生まれる製作あそびです。スポンジの手ざわりや柔らかさなど、素材の感触を楽しみながら進めましょう。

用意する物

- スポンジ（台所用）
- 油性ペン

準 備

- 大型のスポンジのときは、切り分ける（子どもには小さめのほうが扱いやすい）。

作ろう！

1. 油性ペンで、目や口、鼻を描き、スポンジを顔にする。

スポンジに顔を描きまーす。
ほら、こんな感じ。

2 両端をつまんだり、上からつぶしたりして、いろんな顔を作る。

両端をつまむとー、ほら、にんまり笑顔。

ぎゅーっと
引っ張ると……。

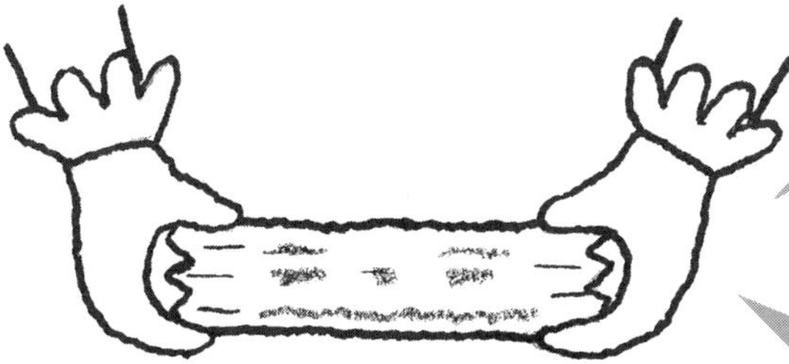

みんなもいろんな
お顔を作ってみてね。

3 輪ゴムで耳を作って、動物の顔にしても楽しめる。

ひげを描いて、耳を作ったら、
ほら、ねこさん。ニャオーン。

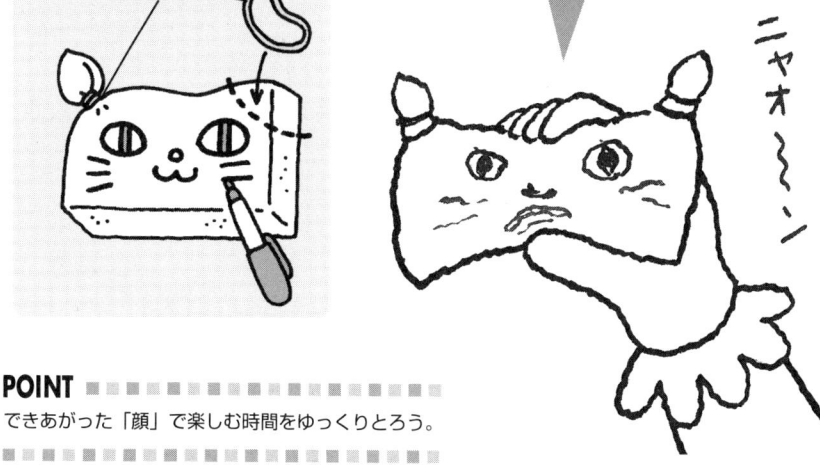

POINT

できあがった「顔」で楽しむ時間をゆっくりとろう。

あそぼう！

笑っちゃだめよ　あっぷっぷ

隣の友だちと向き合ってスポンジで「にらめっこ」あそびをしましょう。音楽に合わせて自由に動き、音が止まったら隣の友だちとにらめっこ。笑って負けた子どもはしゃがんでいき、残った子どもが「にらめっこ一等賞」。

だるまさん　だるまさん　にらめっこしましょ、
笑うと負けよ　あっぷっぷー♪
ギュ～
あははは
ベロー！！
こここわすぎる

POINT

「だるまさん　だるまさん……」は、負けてしゃがんだ子どもも一緒にうたうようにすると、全員が最後まで楽しくあそべる。

スポンジと同じ顔ができるかな

自分の顔もスポンジみたいに動かして、いろいろな顔をしてみましょう。１人ずつ順番に前に出て、スポンジでお気に入りの顔を作って発表します。その顔を、みんなは自分の顔でまねっこ。お互いの顔を見て、大笑いです。

せーので、同じ顔をするよ。
せーの！
ムニュ
ムニュ
ムニュ〜〜

こんなふうに展示しよう

はずしてあそべる展示

はがせる両面テープを裏面に貼って、壁にペタペタ貼る。
いつでもはずしてあそべるのが子どもにはうれしい。

すぐに集中できる！
「シールでお絵かき」

子どもたちの大好きなシールを使った製作あそびです。小さな丸シールを貼っていく作業は、集中力を高め、いつのまにか気持ちも落ち着いてきます。

用意する物

- 丸シール（直径2cmのもの、8mmのもの）
- 画用紙（黒）
- チェーンリング
- 穴あけパンチ

準　備

- 黒の画用紙はA4サイズに切っておく。
- 丸シールはいろいろな色を使えるように、シートを適当な大きさに切って分けておく。
- 見本となるお絵かき帳を作っておく（「作ろう！」を参照）。シール絵も見本を何パターンか作っておくと、子どもが作業をイメージしやすい。

作ろう！

1 黒の画用紙を2枚そろえて重ね、パンチで穴をあける。チェーンリングを通して、お絵かき帳にする。

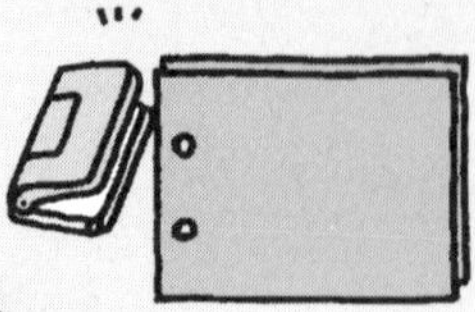

ジャーン。これは先生のお絵かき帳です。シールでお絵かきしたのよ。素敵でしょ。みんなも作ってみる？

注意

- 穴をあけるのは保育者が援助しながらおこなう。

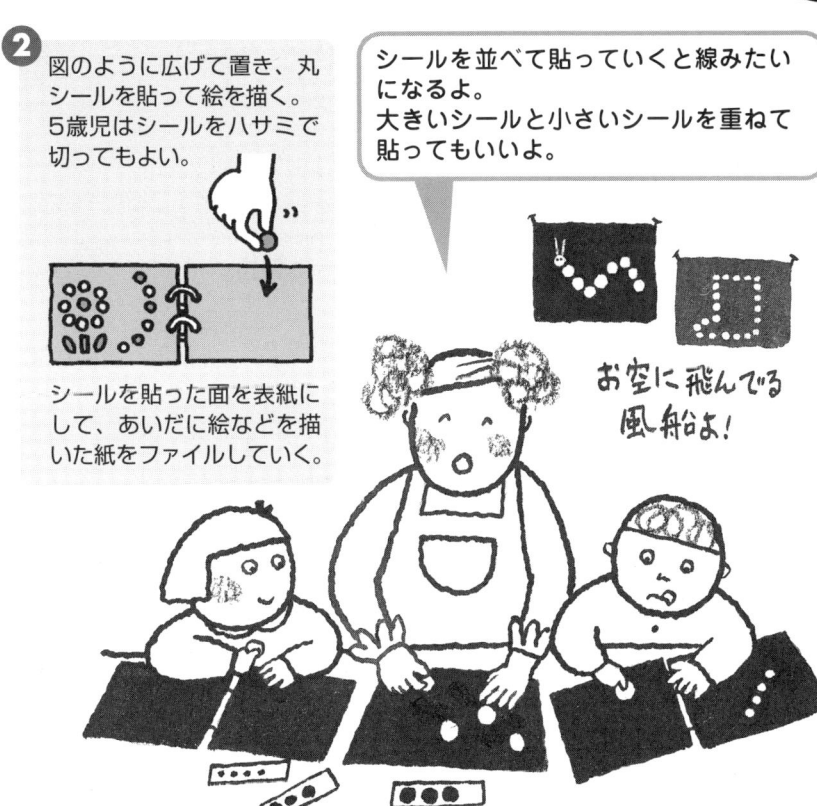

2 図のように広げて置き、丸シールを貼って絵を描く。5歳児はシールをハサミで切ってもよい。

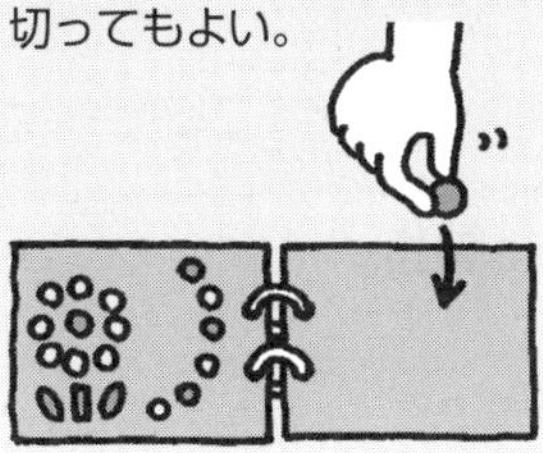

シールを貼った面を表紙にして、あいだに絵などを描いた紙をファイルしていく。

シールを並べて貼っていくと線みたいになるよ。
大きいシールと小さいシールを重ねて貼ってもいいよ。

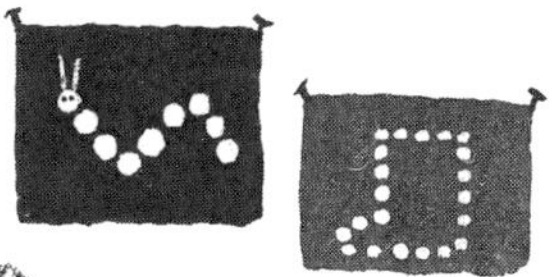

POINT

見本を見せながら、シールとシールの間隔をあけたり、くっつけたり、重ねたりできることを伝えよう。作業をイメージできない子には、実際に貼ってみせながら説明しよう。

バリエーション

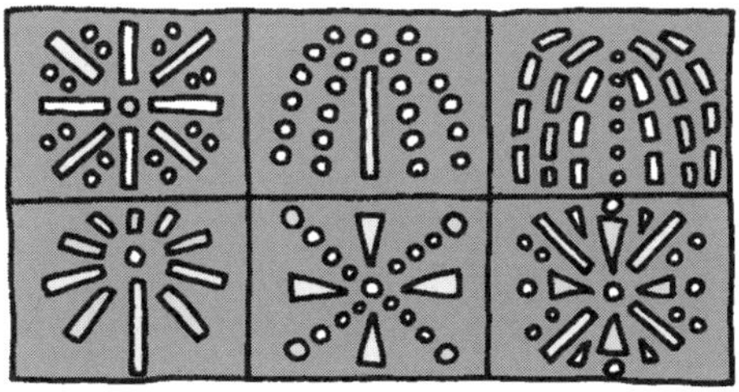

テーマを決めて、合体

「星空」や「花火大会」などテーマを決めて黒の画用紙にシールでお絵かき。みんなの絵をつないで貼ると、壮大な夜空が完成。

もっと作ろう!

白のクレヨン大活躍

普段使わない白のクレヨンを使って、あいたところに絵を描いてみましょう。黒の画用紙を使ったお絵かきでは、いつもとは違った感覚が楽しめます。

ここが真っ黒なの、なんだかさびしいから、ここにもお絵かきしてみようか。
今度はクレヨンでお絵かきするよ。白のクレヨンがいっぱい使えるね。
なるほど…

POINT

「雪だるま」や「雲」など、白の紙だとはっきり描けないものも、濃い色の紙を使うと描けることに気づかせよう。

お絵かき帳を絵でいっぱいに

A4のコピー用紙にパンチで穴をあけ、たくさん用意しておきます。自由時間などにその紙に絵を描いたら、お絵かき帳に自分でファイルしていきます。お絵かき帳が厚くなっていくのがうれしくて、どんどん絵をかく子どもが出てきます。

この穴のあいた紙に絵を描いたら、お絵かき帳にはさんでね。
先生、見て!
こんなにたくさん!
うぎゃ
増えたでしょっ!

こんなふうに展示しよう

「お絵かき帳」を棚に並べて

棚の上などに重ならないように並べて置く。
子どもが自分のお絵かき帳をすぐに見つけられるだけでなく、保護者にも見ていただきやすい。

発散あそび
「ザ・スパイダー」

すずらんテープを使って、部屋中にくもの巣を張り巡らせてあそびます。どんなくもの巣ができるかな？

用意する物

- すずらんテープ（いろいろな色があるときれい）
- セロハンテープ
- はさみ

準　備

- 子どもの手の届く高さにすずらんテープを張っておく。このテープをベースにくもの巣を張っていくので、ゆるまないよう、しっかりと固定する。

作ろう！

❶ グループにわかれ、それぞれのグループごとにすずらんテープとセロハンテープを配る。

これは、くもの糸です。これからみんなでくもになって、○○ぐみのお部屋をくもの巣でいっぱいにするよ！

2 グループごとに、順番にすずらんテープを張っていく。待っている子が飽きないよう、各グループの時間を短くして、くり返し順番がまわってくるようにする。

※テープは保育者が切るが、5歳児には、はさみの扱いを注意した上で、自分たちで切らせてもよい。

くもの糸をほかの糸に
巻いたり、
机やいすに張ったりして、
くもの巣を作ろう。
糸を切りたいときは、
先生を呼んでね。

一度にすると
ぶつかっちゃうので、
グループごとに、
順番にやります。
ほかのお友だちは
応援しようね。

注意

- すずらんテープを体に巻かないこと、くもの巣にぶらさがらないことを約束しよう。
- はさみを持って移動するときは、閉じた刃先を持つように約束しよう（5歳児）。

POINT

5歳児には、テープができるだけピンとなるように張ることを意識させよう。

あそぼう！

くもの巣に虫が捕まった！

折り紙で折ったり、画用紙に絵を描いて切ったりして、チョウやトンボなどの虫を作り、できあがったくもの巣にセロハンテープで貼りつけていきましょう。

くもはくもの巣で虫を捕まえるんだよね。
みんなのくもの巣にも虫さんをいっぱい貼ろうよ。
あ〜 かわいそうに
ぼくのトンボが〜

POINT

あそぶ前に、くもの巣の働きについてみんなで考えたり、図鑑を見たりするとよい。

くもの巣がふわふわお布団に変身

最初に張ったすずらんテープを切って、くもの巣全体を床に落とします。子どもの上にくもの巣が落ちてきて大騒ぎ。
床に落ちたくもの巣の上にのると、ふわふわのお布団みたい。踏んでシャカシャカ音を立てたり、ふわっと持ち上げたりして、また大騒ぎです。

せーので、くもの巣を落とすよー。
せーの！

注意
●すずらんテープが首にからまないように注意しよう。

こんなふうに展示しよう

写真にして

くもの巣が完成したら、さまざまな位置から写真を撮ろう。くもの巣の上から撮ったり、カメラマンもくもの巣にもぐって撮ったり。おもしろい写真を選んで壁などに貼ろう。

ADVICE

子どもの創造力を伸ばすには Ⅱ

絵の発達段階を把握しよう

子どもの絵には発達段階があり、ほとんどすべての子どもの絵がその段階を踏んで発達していくことがわかっています。子どもの絵を見る上で大切なのは、その子の描画が今どの段階なのかを把握すること、そして発達には個人差があることを理解し、段階を飛び越えた要求をしないことです。

① 擦《さつ》画《が》期（1～2歳）

画用紙にクレヨンなどをこすりつけるところからはじまり、「ぐしゃぐしゃ描き」を盛んにするようになる。

② 錯《さく》画《が》期（1歳6か月～3歳）

強い線がたくさん引かれ、曲線や円形の線も描けるようになってくる。いわゆる「なぐり描き」の時期で、子どもなりに対象物をとらえ、目と手の運動を一致させている。

★この時期までの「ぐしゃぐしゃ描き」や「なぐり描き」を十分にやって満足した子どもの多くは、絵を描くことが好きになる傾向がある。

③ 象徴期（3～4歳）

三角や四角や円のようなものを描くようになる。この時期の子どもが描く人物は、円形の顔から手足が伸びているのが特徴で、これは世界中の子どもに共通。

④ カタログ期（5歳）

説明がなくてもそれが何かを理解できるものが描けるようになるが、木を描いたかと思うと隣に魚を描いたりするなど、脈絡はない。

★この時期までは正確さや大小関係などを批判せず、子どもの話に相づちをうちながら、たくさん描かせることが大切。

⑤ 図式前期（5～6歳）

家はこう、自動車はこうと、事物についてかなり正しく認識でき、絵においても大小のバランスをとることや物と物との関係づけができてくる。色についても固有色*を使うようになる。また、地面の線（ベースライン）を描いて、その上に物を描くようになる。

＊固有色：太陽は赤系、海は青系など、その物について一般的にイメージされる色。

それぞれの発達段階でしか描けない絵があります。その段階の絵を本人も指導者も心ゆくまで楽しむことが、子どもの創造力を伸ばすことにつながるのではないでしょうか。

NPO法人ARTKIDS.JP　参考：『びじゅつのまほう』(NPO法人ARTKIDS.JP刊)

3章

はじめてのちょこっと製作あそび

「はじめてはさみを使う」
「はじめてのりを使う」など、
はじめての製作でこそ
子どもたちには「できた！」喜びと
「楽しい！」思いをたっぷり経験させたいですね。
道具の使い方を身につけながら
簡単に楽しめる
製作あそびのアイディアです。

はじめて「描く・塗る」製作あそび

「クレヨンのお散歩 ＆お部屋ぬりぬり」

「描く」ことは子どもにとって、大人が思うよりも緊張する作業です。まずは自由に線を描いたり色を塗ったりしながら、描くことが楽しくなる経験をくり返しさせましょう。

用意する物
- クレヨン
- 画用紙

準備
- 特になし

作ろう！

① 黒のクレヨンを使って線を描く。最初は保育者が誘導しながら描くようにする。

> クレヨンのお散歩をしまーす。黒いクレヨンさんを画用紙の中でお散歩させてね。

3章 はじめてのちょこっと製作あそび

クレヨンのお散歩＆お部屋ぬりぬり

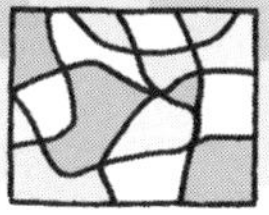

2 いろいろな線が描けたら、線で囲まれた「お部屋」に色を塗っていく。

いつの間にかお部屋が
いっぱいできたよね。
お部屋に色を塗ってみようか。

POINT

自由に描いたり、塗ったりすることを大事にしよう。

こんなふうに展示しよう

線と色の展覧会

みんなの作品を並べて貼ると、色とりどりの世界が広がり、きれいな展示になる。

「ストローのマラカス」

利き手にはさみを持ち、反対の手でストローを持ちます。ストローはしっかり持たないとうまく切れません。くり返す中で、はさみの使い方が少しずつ身についていきます。

用意する物

- ストロー（いろいろな色）
- はさみ
- プラスチックコップ（透明）
- 油性ペン
- セロハンテープ

準　備

- 特になし

作ろう！

❶ はさみでストローを小さく切っていく。

はさみの口を大きく広げて「パクン」てすると、ほら、ストローのつぶができるでしょ。
いっぱいパクンして、ストローのつぶをたくさん作ろう。

注意 ●はさみの扱いに注意。

POINT

はさみが正しく持てているか、反対の手でストローを持っているか、1人ずつていねいに見てまわる。はさみは奥のほうがよく切れることなども伝えよう。

ストローのマラカス

❷ 切ったストローをコップに入れて、別のコップをかぶせ、セロハンテープでとめる。

❸ 油性ペンで好きな絵を描いて、マラカスにする。

たくさんストローのつぶつぶができたね。じゃあ今度は、そのつぶつぶをコップの中に入れましょう。

振るとシャカシャカ音がするね。みんなで音楽に合わせて、シャカシャカしてみよう。

こんなふうに展示しよう

つるしてシャカシャカ

マラカスの上部に糸をつけてつるすと、子どもがさわるたびに音がして楽しい。

「丸めてポン」

包んだり、握ったりする手のあそびをミックスしながら、楽しく「貼る」経験をします。最初にのり面を用意して、そこに貼りつけることからはじめましょう。

用意する物

- 画用紙
- のり
- お花紙
- クレヨン
- お手ふき

準　備

- 特になし

作ろう！

❶ 画用紙にのりをつける。のりをつけたら、手をお手ふきできれいにふく。

ゆびですくって「ぬりぬりぬり」。つめたくて気持ちいいね。

ベタベタして
気持ちいい〜〜

POINT

のりにさわるのを嫌がる子には強要せず、最初は保育者が楽しく塗る姿を見せよう。

2 好きな色のお花紙を選ぶ。やさしく握って丸め、画用紙の、のりをつけたところに貼るのをくり返す。

ふわふわのお花を作ったら、画用紙にペタン。
ほら、落ちないよ。
葉っぱやくきを描くと、ほら、かわいいお花ができました。

3 いくつか貼ってのりが乾いたら、クレヨンでくきや葉を描く。

※あらかじめ花びんや鉢を描いた画用紙を用意してもよい。

羊さーん
わたがしー

バリエーション

ふわふわ羊

保育者が画用紙を羊の形に切り、それに子どもがのりをつけ、軽く握ったお花紙を貼る。

もくもく雲

青の画用紙にのりをつけ、白のお花紙を軽く握って貼る。

「おててパチパチくん」

折り紙は子どもにとって魅力的な素材ですが、うまく折れないとむずかしいと感じやすい素材でもあります。ただ「折る」だけでも十分おもしろいことを感じさせて、次への意欲につなげるようにしましょう。

用意する物

- 折り紙
- クレヨンまたは油性ペン
- のり

準　備

- 折り紙でくまやうさぎなどの手と顔の形を作っておく。また、見本となる「パチパチくん」を作っておく（「作ろう！」①を参照）。

作ろう！

❶ 折り紙に、準備しておいた手と顔を図のようにのりで貼り、顔に目、鼻、口などをクレヨンや油性ペンで描く。

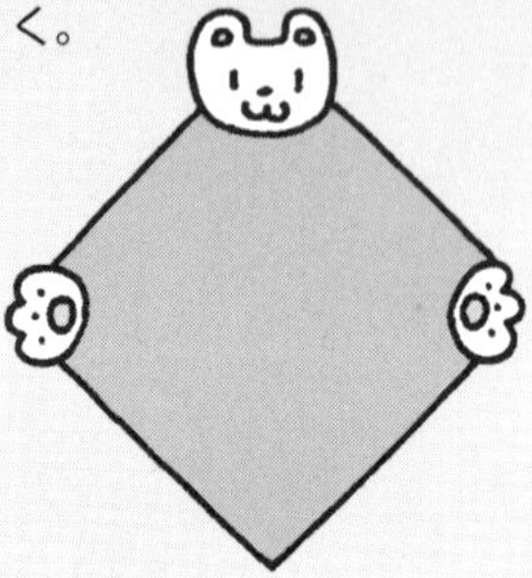

この子は、「パチパチくん」っていいます。
みんなも折り紙で、パチパチくんを作ろう。

2 片手で持ち、手と手が合わさるように曲げる。

パチパチくんは、手をパチパチできるのよ。
みんなもパチパチくんのおててを合わせて、パチパチしてみよう。

POINT

最初から角と角を合わせて折ることを強調すると、ズレてうまくできないことが苦手意識になるので、まずはパチパチできたらよいことにしよう。

バリエーション

パックン　もぐもぐ

ティッシュペーパーを丸めた団子を、「パチパチくん」の手でつかんで「パックン」。手を「もぐもぐ」食べるように動かしてあそぼう。

「がんばれ！ むしむしくん」

網にモールを通していくことで、「縫う」イメージをつかみます。技法を身につけながら、楽しく作業を進めることができます。

用意する物

- 防風網（網目が6mm角以上のもの。ホームセンターなどで購入できる）
- カラーモール

準　備

- 網を1人分ずつカットしておく（30×50cm程度）。
- 針金でケガをしないよう、モールの両端を小さく曲げておく。

作ろう！

1 最初に縫う練習。好きな穴にモールを入れ、好きな穴から出すのをくり返す。

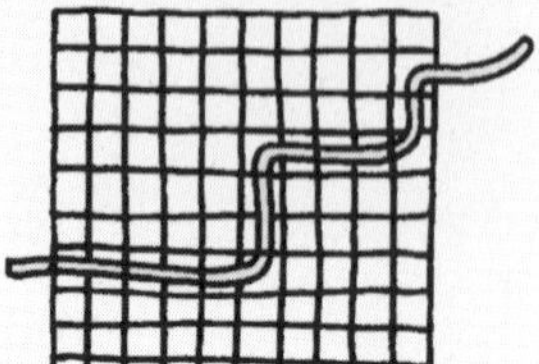

むしむしくん、
こんにちは

青色の「むしむしくん」が網の布団にもぐるよ。
あ、また顔を出した！ またもぐった。
みんなもやってみよう。

がんばれ！ むしむしくん

2 違う色のモールで、同じように縫う練習をする。何本かくり返す。

3 網がモールでいっぱいになったら、全部のモールをはずして、くり返しあそぶ。

今度は赤色のむしむしくんが布団にもぐったよ。いろんなむしむしくんがくると、ぐちゃぐちゃになっちゃうね。
先生もできたよ
できたー
うー ぐちゃぐちゃ

POINT

3歳では、網にモールを通すことができれば十分。慣れてきたら、まっすぐ縫ったり、曲がりながら縫ったりを意識させていく。

バリエーション

お顔ができた！（4歳〜）

網にモールで顔を作る。笑った顔や泣いた顔、いろんな顔を作ってみよう。

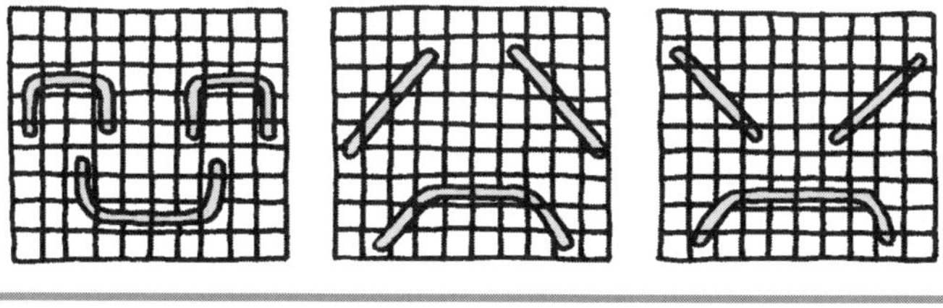

？その1 描こうとしない子

描かないことを否定せず、自分から描くのを待とう

描くことをためらっていたり、頑として描こうとしなかったりする子は、「じょうずに描けなかったらどうしよう」とか「友だちからへただって笑われたらどうしよう」などと、評価を気にしていることが多いです。また、「間違ってはいけない」とか「みんなに合わせなくては」と思って緊張している場合もあります。

そんな子どもに対しては、まずは自分から描くのを待ちます。ただ、ほかの子から描かないことを非難されて余計に描かなくなることもあるので、そうならないよう、「○○ちゃんは考えてるんだよね。一生懸命考えることも大事だよ」と、描かない子の姿を認める言葉をかける配慮もします。

描かないことをけっして否定せず、「描きたいけど描けないこともあるよね」などと気持ちを代弁しながら気長に待てば、そのうちにほとんどの子が自分から描きはじめます。

こんなふうに言葉をかけよう

描きたいけど、
描けないことも
あるよね。

考えているんだね。
一生懸命考えることは
大事だよ。

その2 すぐに評価を求める子

その子がこだわった部分を見つけ、そこを認めよう

評価を求めるというのは、何かしらほめてほしい気持ちがあってのこと。ですから、その思いにこたえてあげることは必要です。ただし、「じょうずだね」という表現は避け、その子がこだわったと思われる部分を見つけて、そこを認める言葉をかけることが大切です。

子どもは自分が一生懸命描いたり作ったりしたところに気づいてもらえたとわかると、さらに意欲的に取り組むようになります。

「どっちがじょうず？」「どれが一番？」と比較で聞いてくる子には？

「どっちも一生懸命描いてあるから、順番はつけられないよ」と伝えてから、こだわった部分を見つけてほめましょう。

早くできたことをほめてもらおうとする子には？

子どもが「早くできたよ」と持ってくる作品は、雑だったり、どこか塗り忘れていたりすることが多いのですが、それについて「ここ、塗り忘れているよ」などと指摘するような言葉はかけません。この場合も子どもがこだわった部分を見つけて認め、その上で「じゃあ、○○ちゃんが一番気に入っているところはどこ？」と聞きます。自分の作品を改めて見直す機会をつくると、子どもは自分で足りないところを見つけて、もう一度その作品に取り組みます。

もし、何も見つけなくても、本人がそれで満足しているなら、それ以上のことは求めず、それでよしとしましょう。

こんなふうに言葉をかけよう

ここの形がいいね。

この色がきれいだね。

その3 のりにさわるのを嫌がる子

のりを使う指について話そう

のり（粘土や泥なども）にさわるのを嫌がる子というのは、汚れることにとても敏感です。育ちの中で抵抗感が身についてしまったのでしょう。それを取り除くことはむずかしいですね。でも、ちょっとした工夫で、のりへの抵抗感を減らすことはできます。

一例ですが、「今日は、お母さん指に一生懸命働いてもらおうね」と、のりを使う「指」に意識を向ける話をします。さらに、「お母さん指」に別人格を与え、指に「よろしくお願いします」とあいさつをさせたりすると、それだけで多くの子がスムーズにのりを使いはじめます。

最後は手をきれいにして、「あーさっぱりしたね」「ツルツルになったね」と、きれいになったことを言葉にして伝えましょう。

どうしてもさわれない子には？

基本的には無理強いせず、自分からはじめるのを待ちますが、使いたそうにしているなら、「指を使わない方法を考えてみる？」と声をかけるのも一案です。自分なりに考えて、何か答えを見つけたら、その方法にチャレンジさせてみます。ただし、まわりの子に「○○ちゃん、のりを棒でつけてもいいかな？」などと聞いて、承諾を得てからおこないましょう。

こんなふうに言葉をかけよう

みんなのお母さんは、ごはんを作ったりお掃除をしたりして、
働き者だよね。
このお母さん指も働き者でね、今日も一生懸命働いてくれるよ。
だから、みんなで『よろしくお願いします』って言おうね。

その4 一般的な観念と異なる色を塗る子

ほかの子が「おかしい」と言い出す前に対応を

色については、例えば太陽は赤系の色、顔は肌色といった固有色＊という観念がありますが、ときどきそれを超えた表現をする子どもがいます。もちろん色にきまりはなく、特別指摘する必要はないのですが、集団での製作ではほかの子が「それ、おかしい」と言いはじめることがあるので、その前に対応しておく必要があります。

例えば、ある子どもが太陽を青く塗っているとしたら、「○○ちゃんの太陽は青いんだねー。どうして青いの？」と、否定的にならないよう気をつけながらその子に理由を聞きます。子どもに何か理由があって、それを言える場合は、それを聞いてほかの子にも伝えます。

一方、理由はなくて、なんとなくそうしていたというときは（ほとんどの子がこのケースです)、「○○ちゃんは太陽を青く塗っているよ。赤で塗っている子が多いけれど、感じた色を塗ればいいよ」などと話しましょう。

集団での製作では、子ども同士が攻撃し合わないような配慮も大切です。

＊固有色（76ページ参照）の観念を、子どもは知らず知らずのうちに身につけていきます。

こんなふうに言葉をかけよう

太陽がまぶしかったときの
空が、黄色に見えたんだって。

色に決まりは
ないから、
感じた色を
塗っていいよ。

素材別索引

●グループこんぺいと（編著）
保育現場をもちながら企画編集する会社。
東京都世田谷区に子どものスペース「台所のある幼児教室」をもつ。
http://www.compeito.jp

●NPO法人 ARTKIDS.JP（原案）
下段　登　助川恭古　松山桃子　三石恒夫　小林綾子　池内あかね
菊地隆宏　田中有希
芸術の振興と子どもの健全育成をめざし、研究、活動、イベントの企画・開催などをおこなっている。
http://www.artkids.jp/school/

イラスト：壁谷芙扶　種田瑞子
編　　集：萌木立みどり（グループこんぺいと）
デザイン：はせちゃこ

こんな日《ひ》、こんなときの ちょこっと製作《せいさく》あそび BEST22

2008年 8月 1日　初版発行

編著者　グループこんぺいと
発行者　武馬久仁裕
印　刷　株式会社 太洋社
製　本　株式会社 太洋社

発行所　株式会社 黎《れい》明《めい》書《しょ》房《ぼう》
〒460-0002　名古屋市中区丸の内3-6-27　EBSビル
☎052-962-3045　FAX052-951-9065　振替・00880-1-59001
〒101-0051　東京連絡所・千代田区神田神保町1-32-2
南部ビル302号　☎03-3268-3470

落丁本・乱丁本はお取替いたします。　ISBN978-4-654-00241-2